हम एक ही नाव के मांझी

रीतु मौर्या

ISBN 979-888503952-9

क्रम-सूची

1. शिद्दत

प्रेम राधा - कृष्ण सा

साथ शिव - शक्ति सा,

कर ऐसी मोहब्बत

कि हर मनुष्य तेरा मुरीद हो जाए

और काम इतनी शिद्दत से, कि हरमंज़िल तेरी हो जाए।

2. ऋतु

ऋतु नाम है मेरा
राज करना काम है मेरा

भीनी- भीनी सौरभ मंजरी से आती
तितली की सुन्दरता,
सुमनों को सजाती मैं

सरसों के पीत सुमन खेतों में खेलते,
खुशहाली आती चारों ओर है, गीत गूंजते चारों ओर
फूटते कौंपल नवल - नवल हैं, हरियाली फैलती चारों ओर

टेसू के सुमनों पर भौंरे, उड़ - उड़ आते हैं,
कोयल के अधरों से फिसलते गीत हैं

रीतु मौर्या

ऋतु नाम है मेरा
राज करना काम है मेरा।

3. हिंदी

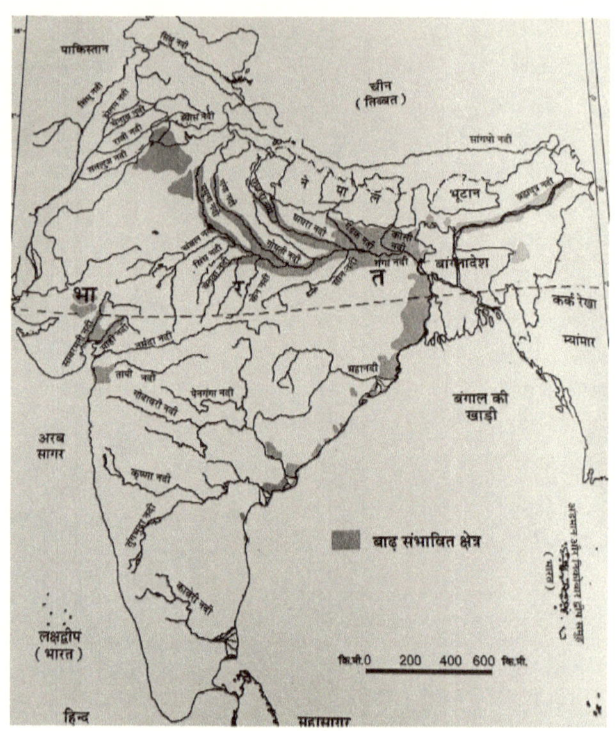

हिंदी पर जो बिंदी है, लगती कितनी चंगी है
तेरे मस्तक जो टीका लगा है, ऐसा लागे मानो हिन्दुस्तान गुकुट पहना है

मात्राएँ टंगी जो तुम पर हैं, हिन्दुस्तान की बहती हुई नदियाँ हैं
जो लकीर तुम पर खिंच है जावे, भारत पर से गुज़रती हुई कर्क रेखा लागे

भारत हमारी माँ और हिंदी उसकी पुत्री कहलाती है,

रीतु मौर्या

जिस भारत माँ की गोद में हम लहलहाते है
वही हिन्दी अपनी भारत माँ की मातृ-भाषा बन, विश्व की शान बढ़ाती है

हर स्तर के लोग पुकार लेते हैं तुमको
न करनी पड़े मशक्कत, न देना पड़े लगान
हो इतनी सरल कि हर जगह बना लेती हो अपनी पहचान
तभी तो तुम हमारी मातृ हो, और भारत की मातृ भाषा हो।

4. वो

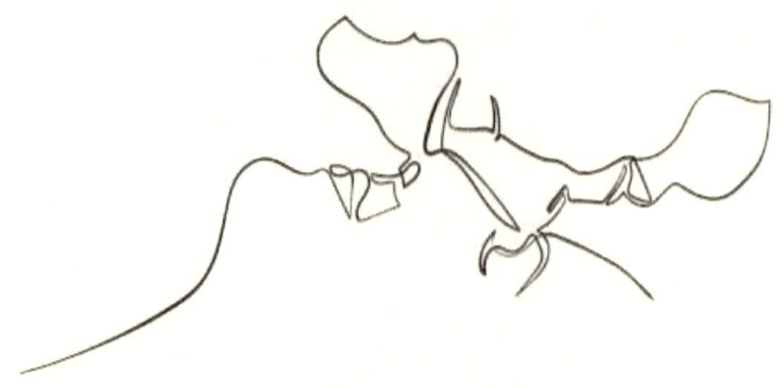

वो आए थे दीपक बन
तम गलियों में प्रभा कर गए

अंजाने से वे
जाने कब जाने बन गए

गंजिन जुल्फ़ें और अध्रुव मुस्कान से
हमें उन्मत्त कर गए

रीतु मौर्या

आभा कुछ ऐसी थी कि
बिन ऋतु बरसात कर गए

उनके रदच्छद पर कुछ न था
पर चेष्टा से सब बयां कर गए।

5. माँ

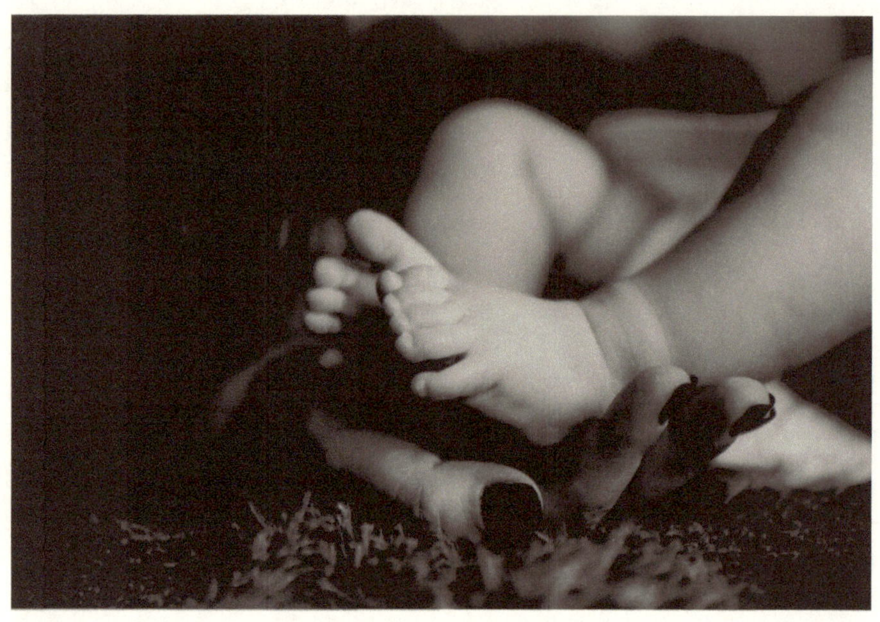

आज फिर मन उछल आया
माँ तेरी याद में, फिर दिल भर आया

बड़ी हुई मैं हंसती रोती,
आँख दिखाती जो हद खोती
तेरी गोदी स्वर्ग मनौती,
क्या होता जो तू न होती

कितने आँचल रोज़ भिगोती
तू फिर भी न धीरज खोती,

याद आता है वो पल
जब तू साथ थी होती
अब मैं तुझसे मिलने को भी तरसूं
लेके आँखों में लाखों आँसू

लेकिन सरताज ने मुझे
है रखा सरआंखों पर हमेशा
और तू भी रहती है
मेरे दिल में आज भी हमेशा

माँ-तो-माँ होती है
हर बच्चे कि सांस होती है।

6. दाग

कैसी होती जा रही मुश्किल देखो,
अब न रही सुरक्षा, किसी की भी देखो

दाग धीरे-धीरे, आस - आवास
और राजधानी पर भी लग गया
जान बच न सकी दामिनी की देखो

अश्रुधारा भी बह गई, देश विदेश तक
अब सुरक्षित न रही, बेटी नगर में देखो

चाहे गाँव हो या शहर
हर डगर में हुई सोच कुत्सित
मनुष्य की देखो

न रही सुरक्षा अब, किसी की भी देखो

दाग की धारा पर
लग न सकी रोक अब भी देखो।

7. सर्जिकल स्ट्राइक

उरी में हुए शहीद - ए - हिन्द को मज़ा चखाया
तेरे गुलशन - ए - बर्बादी कर

की साजिश तूने हमेशा से ही
खून के आँसू रुलाने की ,
क्यूँ हमारी मित्रता रास न आती कभी तुझे,
मेरे वतन पर खंज़र चलाए
ये रास न आई मुझे

रोज़-रोज़ क्यूँ छेड़ता है मेरे वतन को

रीतु मौर्या

है हिम्मत तो दिखा
हमसे एक बार मोहब्बत कर के
हम से जीत के

पत्थर चलाने की कला तो
सबको आती है वैसे भी

थे मारे अठारह तूने
बत्तीस से इंतकाम ले लिया
सर्जिकल स्ट्राइक से हिन्दुस्तान का झण्डा
फिर से ऊँचा कर दिया।

८. दिया

हर अंधेरे का उजाला है ये दीया,

बुराई पर अच्छाई की जीत का पैगाम है ये दीया,

टूटती आस को बांधता ढांढस ये दीया

जीवन का उपसंहार है ये दीया,

और देश का सम्मान है ये दीया।

९. बचपन

लड़खड़ाते कदम, गिर कर उठते कदम
टूटी झोंपड़ी - खुला आसमां, गिल्ली डण्डे
ढूंढ़ो-ढूंढ़ो, कहाँ छुप गया बचपन

हर दिन बड़े सपने आँखों में भरे हिंचकोली खाता
सदमें झेलता हुआ बचपन

लड़कपन के बीच लापता
कभी नाली में गिर कर उठता
पाठशाला की बंदिशों से, आज़ाद बचपन

फिर वो घर पहुंचकर डाँट खाना

मां के दुलार के साथ पिता की फटकार लिए
फिर से अंगड़ाई लेता बचपन

कभी बरतन धो कर, तो कभी बड़े बूढ़ों की मदद कर,
एक रुपया था कमाता बचपन

स्कूल के बाद आम और बेर
पत्थर से तोड़ कर खाता था
ये बचपन

बारिश में भीगता बेफिक्रा सा
था ये बचपन,
चाहे महल में हो या झोंपड़ी में
सपने सबके एक सा ही
बुनता ये बचपन।

10. नव वर्ष

नव वर्ष - नव वर्ष

खुशियों भरा ये

नव वर्ष,

नई उम्मीदों की सौगात लिए

आया ये नव वर्ष,

लोगों के चेहरे पर

लाया खुशियाँ ये

नव वर्ष,

लाखों राज़ छिपाए

आया ये नव वर्ष,

देखो 2021 गया और 2022

आ गया,

नव वर्ष - नव वर्ष लो आ गया

प्यारा नव वर्ष।

11. जागो

अरे ओ सोने वालों, चलो अब जाग जाओ
धरती लुट रही, चिर रहा आसमां है
हो रही दगीली अपनी भारत माँ

हो रहा क्या - क्या, यहाँ वहाँ दर - बदर
हो रही दूषित हवा, हो रहा जल प्रभावित
न कोई हंस पा रहा, न कोई रो पा रहा

फैल रहा आंतक यहाँ, कोई लड़ रहा सरहद पर,
कोई खा रहा गोलीयां वहाँ,
आतंकियों की मुठभेड़ में
मर रहा कोई अपना वहाँ
तब भी सो रहे हो, अब तो जाग जाओ
अरे ओ सोने वालों, चलो अब जाग जाओ।

12. एक पहर तो ठहर

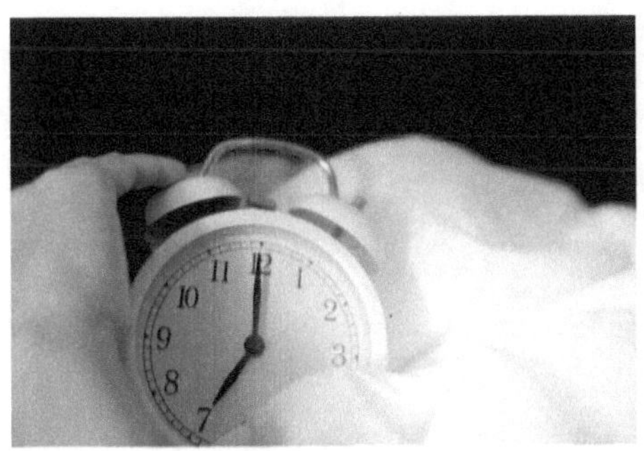

एक पहर तो ठहर, किस बात का है डर
वक्त को सिर्फ अपना बना, बाकी सब छोड़, चल तू निडर

हर पल का किस्सा और हिस्सा सिर्फ तू ही है,
छोड़ फिक्र कुछ भी खोने की, तू चलता जा बेफिक्र

सहारे की खोज में क्यों डूबा है?
यही सुझाव तुझे और तेरे वक्त को ले डूबा है

अरे! जो तेरा है वो कहीं गया ही नहीं
और जो नहीं, वो तेरे साथ ही नहीं

एक पहर तो ठहर, देख मुस्कुराती हयात है,
सब कुछ तेरे ही पास है, एक पहर तो ठहर।

13. लक्ष्य

राही, पथ पर चलते जा
लक्ष्य पर निशाना साधे जा
न रुक - न थक, हर रोड़े को पार करता जा

ना सोच दुनियादारी की,
न बहक तू अपने पथ से
सहारा देंगे तो तुझे बहुत
क्या पता वे भी बैठे हों तोड़ने तुझे कब से

दिन दूनी-चार कर,
न सोच तू उस दिन की,
न सोच उस पल की

एक दिन ऐसा आएगा
तू दुनिया पर छायेगा

बस लक्ष्य पर निशाना साधे जा
चलता जा तू चलता जा
राही पथ पर चलते जा |

14. नन्हीं कली के व्यस्क स्वप्न

बचपन था बेफिक्री थी, वो नन्ही सी कली थी,
स्वप्न भी आने लगे थे, जैसे कली भी खिलने लगी थी

कैनवास पर उतरने को बुन रही वो रास्ते थी
एक नृत्य करने की इच्छा उसमें हुई जागृत, बनाने को पेशा भी थी

मगर समय के थपेड़ों ने, बदल दिया था हर मंज़र
और बदल दिए जीवन के हर पहलु सभी
और बन गई एक परी थी।

15. ब्राण्ड और नो ब्राण्ड

एक रोज़ खुली आंख थी मेरी
मिला था रोज़गार
पहली खुशी थी वो मेरी

अब बढ़ने लगे थे मित्र
लगने लगा था शोहरतों का अंबार
मानो साईकल से कार चलाने
का सपना हो गया हो साकार

हर चीज़ का ब्राण्ड होने लगा था
अब साथ में गुरुर और बढ़ने लगा था

लोग दूर और अकेलापन भी बढ़ने लगा था
पर शोहरत का गुरुर कम न हो रहा था
शोहरत पाकर खुशियाँ लगती हैं
मानो कदम चूम रही हों,
जीवन की हर वस्तु और चीज़ों का
ब्राण्ड बनना शुरू होने लगा

और अब जब मिट्टी से बने हुए
मिट्टी में मिलने वाले होते हैं,
तब न उस मिट्टी का और न ओढ़ने
वाले कफन का कोई ब्राण्ड होता है

करने को हम पूरी ही ज़िन्दगी
ब्राण्ड - ब्राण्ड करते हैं,
और आखिर में नो ब्राण्ड हो जाते हैं ।

16. बन्धन

अब धर्म जाति वाला बन्धन
नहीं रखना है,
जिस ओर भी जांऊ वो बन जाए
द्वार अपना है

मुझे इस मिट्टी में प्यार ही बोना है,
खुशियों से महकाना हर कोना- कोना है

कण-कण में मिलकर करके सच्चाई समोना है।
लेकिन बंधन में नहीं रहना है।

17. कुछ कहता है ये दिल

ये समां कुछ कहता है
लोगों की बातें कुछ और...

ये दिन कुछ बताता है
समय कुछ और...

ये दिल कुछ चाहता है
ये दिमाग कुछ और...

ये रूह कुछ महसूस करती है
शरीर कुछ और...

ये आसमां कुछ कहता है
ज़मीन कुछ और..

ये बारिश कुछ कहती है
मिट्टी की खुशबू कुछ और...

ये प्रकृति कुछ बनाती है
हम मनुष्य कुछ और....

18. मातृभूमि

अगर घुसे शत्रु देश में, तोड़ दो हर राहें उनकी
फिर भी न माने वे ऐसे, मारो घुसकर घर में उनके

दूध का कर्ज अदा करने को वीरों को आगे बढ़ाना है,
जो ललकारे मातृभूमि को, तो ले सेना उस पर चढ़ जाना है

जितनी सेना है हमारी, उतने तो तुम लोग ही नहीं
कोशिश भी न करना हमारे देश और देशवासियों को मिटाने की

हम भारतीय हैं जनाब, किसी के गुलाम नहीं
भाषा - भोजन चाहे कितनी भी अलग हो लेकिन
एकता में हम से कोई मुकाबला नहीं।

19. कहाँ से सीखा

लोगों में खुशी और प्रेम बाँट कर
यूँ खुद तनहा रहना, कहाँ से सीखा

यूँ हर वक्त मुस्कान पहनकर
किस पीड़ा को छुपाए घूम रहे हो?

सबको छत देकर,
खुले आसमां के नीचे रहना
कहाँ से सीखा

यूँ हर वक्त,
लोगों के दिलों दिमाग में छाए रहना
आखिर कहाँ से सीखा।

20. आरज़ू

प्रकृति की गोद में बैठ कर

जब मैं मन-मन मुस्कुराऊँ

हृदय में बसी प्रसन्नता को

न जाने कैसे शांत कराऊँ

जी मचले संग जीने को

उसकी खूशबू में बहने को

संग उसके रहने को

मन में उठते प्रश्न और प्यार को

खुल के खूब उड़ाऊँ

ऐ हवा ले जा अपने संग उड़ा

ऐ नदी ले संग बहा

इतनी दूर, कोई न हो जहाँ

खूबसूरत वादियों में

जहाँ बना सकूँ अपना आशियाँ

21. शब्द

शब्द
जो माँ-बाप आपने मुझे कहे थे,

शब्द
जो आज भी हृदय में हैं बसे,

शब्द
जिसने मुझे कुछ कर गुजरने को मजबूर किया,

शब्द
जिस वजह से आज मैं एक मुकाम पर हूँ,

शब्द

हाँ शब्द ही तो है

जो प्रेम- अप्रेम की भावना को भी जगाता है

और सही राह दर्शाता है।

22. नई हवा की दस्तक

दी दस्तक प्यार ने मुझ पर ऐसे
उड़ गई निंदिया, उड़ गया चैन जैसे

ये रूह भी शरीर से पूछ रही,
दिल में छुपी बात कैसे बताऊँ सभी

शीत लहर छू कर गुजरी,
होने लगीं आतिशबाज़ियाँ जैसे

काँपती रूह की तड़पन निकलना चाहे मुझसे
धड़कनें भी ढोल की तरह बज रहीं बारम्बार जैसे

इस बदलाव रूपी उठते प्लवन को क्या नाम दूं?
मैं हीं मुझ से सौ दफा पूछूं, आखिर क्या नाम दूँ।

23. किसे पेश करूँ

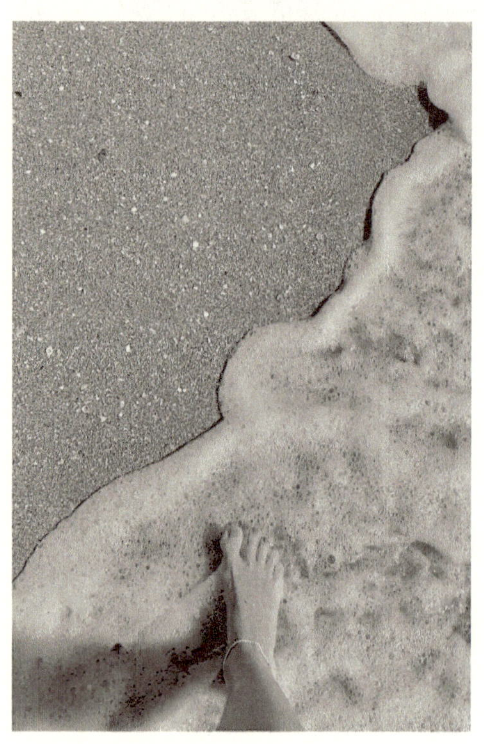

है दुनिया को जीतने की चाह
किसे पेश करूँ,
उड़ने की चाह कोसों दूर
किसे पेश करूँ

दिल में उठते बवंडर
किसे पेश करूँ

इन नरम होठों में दबी बात
किसे पेश करूँ

मस्त ज़ुल्फ़ों की सियारत
किसे पेश करूँ
इस अंतर्द्वंद्व को
किसे पेश करूँ।

☙☙☙

24. मन का एक कोना

पानी की लहरों के सनसनाहट
जब छूती पैरों तलवों को

मचल उठता ये मन
बहने को संग उसको

इस प्रकृति के रंगों को देख
करता मन जीवन में भरने को,

यूं चलती हवा सन - सन
करता मन संग उड़ने उसको

बरस पड़ते जब बादल मुझ पर
तर हो जाऊं संग लगे मुझको

खड़े शान से पर्वत की ऊँचाई देख
मन मचले ऊँचाई छूने को।

About The Author

रीतु मौर्या उत्तर प्रदेश में रहती हैं और वर्तमान में छात्रा हैं।

वे इन कविताओं द्वारा आस-पास व अंतर्मन में हो रही गतिविधियों को एक नए रूप में दर्शाती हैं।

उनकी कविताएं विपरीत परिस्तिथियों में भी सकारात्मकता ढूंढ लेने को प्रेरित करती हैं ।

यह उनकी पहली किताब है जो हर पलटते पन्ने व पंक्तियों के साथ, हम सभी को एक सूत्र में जुड़े रहने का ऐहसास देती है।